Arméniens

et

Arménophiles

PAR

LE VIEUX DE LA MONTAGNE

GENÈVE

IMPRIMERIE SUISSE, RUE DU COMMERCE, 6

1896

Arméniens

et

Arménophiles

PAR

LE VIEUX DE LA MONTAGNE

GENÈVE

IMPRIMERIE SUISSE, RUE DU COMMERCE, 6

1896

I

Introduction.

Appel aux honnêtes gens. Il faut faire la lumière.

L'émotion, qui est née dans toute l'Europe de la question arménienne, commence à se calmer et malgré les excitations malsaines, on est en droit d'espérer que les agents provocateurs qui ont soulevé les naïfs et les ont exposés au châtiment, sans espoir de succès, puis les ont abandonnés, sans vouloir courir aucun risque, ne trouveront plus de dupes assez simples, pour se laisser prendre à leurs perfides conseils.

Toutefois, comme il vaut toujours mieux prévoir le mal que d'avoir à le guérir, empêcher une révolte plutôt que d'être obligé de la réprimer, le moment semble propice pour, dans l'intérêt de tous, faire la lumière sur la question arménienne, en dehors de toute idée fanatique ou de compétition, d'aspirations d'autant plus inavouables qu'elles sont inavouées.

C'est dans ce but que j'écris cet aperçu ; car il ne faut pas que ceux qui ont pour but de déchaîner la guerre entre les autres, pour soi-même en récolter les profits, jouer le rôle du troisième larron de M. de La Fontaine, aient le terrain libre devant eux, sans qu'on cherche à déjouer leurs combinaisons machiavéliques et leurs intrigues, où le mensonge remplace le droit, la force triomphe du raisonnement, et le cynisme éhonté est substitué au vrai courage et à la véritable ardeur.

Il est patent, en effet, que les polémiques qui ont été suscitées en Europe, par les récits des événements en Crète et en Anatolie, ont souvent eu pour origine des sentiments fort respectables.

En France surtout, où on sait peu résister au premier mouvement, qui n'est toujours si généreux que parce que, issu spontanément du cœur, il est irréfléchi ; les polémiques ont atteint un certain degré d'acuité fort regrettable. Toute action exagérée engendrant une réaction, il est arrivé parfois que les répugnances sont nées de l'excès même des appels à la pitié. C'était fatal, et il faut s'en féliciter.

Le mal produisit lui-même son remède, car en présence des exagérations voulues, des attaques systématiques, les gens sensés n'ont pas tardé à chercher quels pouvaient être les mobiles qui, dans cette lutte, mettaient certaines personnalités remarquables, en contradiction avec tous leurs principes, alors que jusqu'à présent il n'était venu à personne l'idée de suspecter la bonne foi de ces polémistes.

Assez vite, on put s'apercevoir que les publications qui étaient les plus ardentes à la lutte, n'étaient nullement celles que les opinions religieuses pouvaient entraîner par fanatisme à soutenir des chrétiens ; mais celles, au contraire, qui jusqu'alors faisaient profession d'athéisme, et n'avaient pas assez de sarcasmes pour railler les fervents de toute religion, quelqu'elle fut.

C'étaient celles-là qui criaient le plus fort contre les Musulmans, en faveur des Chrétiens, c'étaient elles encore qui, poursuivant les catholiques et les persécutant à l'intérieur, prenaient si chaudement leur défense à l'extérieur, comme pour rappeler la parole de Gambetta : « l'athéisme ne saurait être article d'exportation. »

Enfin, on trouvait les feuilles, dont l'opposition au gouvernement établi quelqu'il soit, paraît être une ligne de conduite susceptible d'excuser toutes les inconséquences, toutes les ignorances, toutes les erreurs.

De là aux anarchistes, il n'y avait qu'un pas, et il a été franchi, aussi on a vu se jeter dans la mêlée et prendre parti au nom du Christianisme, ceux qui, cependant, n'acceptent pour devise que le « Ni Dieu, ni maître » de Blanqui.

Ces incohérences frappaient au premier abord et naturellement justifiaient la défiance.

Comme il n'y a jamais d'effet sans cause, voyant l'effet, il fallut bien chercher la cause ; et il ne fut pas besoin d'être grand clerc pour bientôt reconnaître que partout, en France comme ailleurs, les feuilles déchaînées en faveur des Arméniens étaient celles inféodées à un titre quelconque à la politique anglaise, feuilles ennemies plus ou moins avouées de la Russie, et dirigées de loin ou de près par les sectes de propagandes religieuses britanniques, ces terribles instruments de démoralisation patriotique que le foreign office sait disperser et conduire dans le monde entier.

On se trouvait ainsi face à face avec cette anomalie de voir des calvinistes intransigeants soutenir et défendre les hérétiques arméniens.

Signaler le fait était, comme on dit vulgairement, résoudre le problème en le posant. On était en présence d'une campagne politique bien organisée, où les prétextes mis en avant n'avaient aucune valeur, mais dont les mobiles cachés étaient tout. Si, pour les gens éclairés, que la raison guide et qu'aucune considération n'aveugle, la question était tranchée, il n'en était pas de même pour les masses, auxquelles s'adressaient les publications, où les nouvelles arrivaient de Londres avec des livres sterlings comme garantie d'authenticité.

Naturellement on s'enflammait et les plus acharnés étaient, comme toujours, ceux qui étaient les plus ignorants. Les uns emballés, mais de bonne foi, prenant pour vérités les dépêches intéressées dont ils ignoraient l'origine et les garanties, s'exaltaient, surenchérissaient sur les dépêches mêmes, et grâce à leur talent ou leur popularité, auraient presque demandé une nouvelle croisade, ignorant que lors celles de jadis, les Arméniens faisaient contre les Chrétiens cause commune avec les Turcs.

Les autres plus renseignés, mais incapables de résister aux génuflexions hypocrites d'un pasteur méthodiste, d'un délégué des Missions de Londres, voire même d'une charge de la cavalerie de St-Georges, ne trouvaient aucun mal à se laisser aller à un compromis de conscience, qui leur permettait d'oublier l'histoire, de ne tenir aucun compte de la raison et de la vérité, et laissaient passer des appels ou des diatribes absolument injustifiés.

De cet ensemble d'action, il résultait en réalité que les *Dei ex machina*, les fauteurs de désordre, tenant les fils de l'intrigue, restaient dans l'ombre et que la campagne était menée à leur profit, par des inconscients ou des dégradés, j'allais dire des décadents, en tous cas, par des gens subissant une influence dont ils ignoraient ou les visées, ou la portée.

Or, à l'époque où nous vivons, il est bien rare que, grâce à la soif de liberté qui nous dévore, le moindre appel qui caresse cette aspiration ne soit pas entendu par la foule, qui toujours spontanément, sans réflexion, se prononce sans juger, comme lorsqu'elle applique la loi de *Lynch* aux Etats-Unis.

De tous côtés donc, on a crié *Haro*, sans savoir, sans contrôler, sans raisonner : quelques-uns par un sentiment de pitié, sans chercher si cette pitié s'adressait bien, d'autres, et c'est le plus grand nombre, parce que le voisin criait ! et les moutons de Panurge ont suivi... qui ? Ils n'en savaient, et ils n'en savent encore rien.

Pourquoi ? Ne le leur demandez pas ! La lecture d'une étude approfondie les fatiguerait. Ils ne savent que répéter une ou deux phrases ronflantes qu'ils ont lues dans leur journal et qu'ils se sont adaptées, sans savoir, ni chercher à savoir même qui sont les Arméniens. Ils ne connaissent de l'Arménie que les bouts de papiers odorants que les camelots brûlent au coin des rues.

C'est pourquoi pour tous les honnêtes gens il importe de remettre chaque chose à sa place.

II

Le Kurdistan et les Arméniens.

Que sont d'abord les Arméniens, et où fût l'Arménie ?

L'Arménie confinait à la Perse, aux provinces russes du Caucase, à l'Est et au Nord ; et c'est le Kurdistan qui la bornait au Sud et à l'Ouest ; le fait est important à remarquer, car il permet d'établir à quelles régions appartiennent les localités où la répression a dû le plus sévir.

Mahomet II en fondant l'Empire Ottoman, a laissé aux Grecs ce que nous pourrions appeler leurs statuts personnels, c'est-à-dire qu'il a respecté leurs usages, leurs mœurs, leur religion, leurs institutions. Il faut reconnaître en passant que cet exemple, d'un empereur fanatique musulman, ferait singulièrement rougir, par comparaison, nos prétendus philanthropes libéraux, qui n'ont que les mots de liberté, de fraternité, de civilisation dans la bouche, alors qu'au cœur on ne trouve que soif d'autorité, jalousie et recherche de spéculations.

Petit à petit les Arméniens, avant même la conquête de Constantinople, avaient appelé chez eux les Turcs, et abusant de leur magnanimité, s'étaient cramponnés à l'Empire Ottoman, trop heureux de se substituer aux Grecs, dans les faveurs et les privilèges qui avaient été accordés à ces derniers, et dans l'influence gouvernementale qu'ils exerçaient.

Forts de ces libertés, les Arméniens ont peu à peu débordé sur l'Empire, ils ont servi les Turcs après les avoir appelés, puis bientôt se sont partout identifiés avec eux. D'un esprit assez aventureux, surtout cupide, ils ont fait tache d'huile, se sont répandus dans toutes les provinces environnantes, au delà comme en deçà des frontières, de ce côté du Bosphore comme en Asie, et grâce à leur habileté commerciale, ils sont bientôt devenus les véritables détenteurs de toute la fortune de l'Empire.

Leur rapacité est notoire ; je pourrais citer des observations personnelles ; mais, afin de ne pas être taxé de partialité, pour choisir un exemple entre mille, je préfère l'emprunter aux *Mémoires d'un Blessé* de l'expédition Skobeleff. On est à Bami, le 1er juillet 1880, il y a seize ans. La citation n'a donc pas été faite pour les besoins de la cause.

« Je veux m'approvisionner de cigarettes, et je louvoie
« entre la foule des soldats, des chameaux et des chevaux,
« vers les petites boutiques des vivandiers. Ici, l'attroupe-
« ment devient phénoménal. Les vivandiers sont tous
« Arméniens. Un Juif gagnant 100 pour 100, est un naïf au-
« près d'un Arménien, lequel ne se contente du gain qu'à
« 450 pour 100 de profit. »

Dans ces conditions, on comprend quels vers rongeurs

sont ces Arméniens, qui de marchands deviennent banquiers, puis font l'usure à des taux qui feraient rêver toute la gent d'Israël.

Le Juif polonais, qui secoue continuellement sa bourse d'or, pour profiter de l'usure qui résulte du frottement des pièces, est un enfant à côté des Arméniens ; aussi n'est-il pas étonnant qu'en temps ordinaire, si le Kurde, le Druse ou tout autre indigène musulman courbe la tête devant ces rois de l'argent, ces princes de la spéculation, ces dieux du commerce insolent, il n'en existe pas moins en permanence, une haine, un désir de vengeance qui ne demande qu'une occasion pour se satisfaire.

Le Musulman, tout en aimant à jouir, admirant le faste, est un grand enfant qui tuera pour prendre, mais qui dépensera sans compter, touchera tous les bactchischs comme des cadeaux sans conséquence, parce que le lendemain il les dépensera de même. Ils lui glisseront des doigts sans qu'il en ait conscience et il ne se défendra pas parce que « C'était écrit ».

Dans ces conditions-là, brave et sans souci, il n'est pas surprenant qu'il devienne la proie du thésauriseur éhonté, avare et lâche, dont la vue de la *nagaïka* sait seule tempérer les appétits.

Or, l'Arménien s'est-il borné à ces pratiques de lucre plus ou moins honnêtes, et protégées par les lois ? Non. Grâce à cet argent, comme les Juifs en Europe, il s'est petit à petit immiscé dans les affaires de l'Etat, il a créé, pour mieux y pêcher en eau trouble, cette administration financière défectueuse qui est le défaut de la cuirasse de l'Empire Ottoman, et en même temps il est arrivé au pouvoir.

L'élément arménien absolument expert en matière financière, est arrivé à centraliser entre ses mains les finances turques, regardant comme un vol à son égard tout ce qui pouvait tomber entre les mains des occidentaux, aussi n'est-il pas étonnant que ce soit sur des établissements financiers d'Europe qu'il ait cherché à assouvir sa rage.

Les finances ottomanes sont l'os qu'il ronge chaque jour, il ne veut pas qu'on le gêne.

Il a organisé le désordre, parce qu'il ne pouvait s'enrichir et piller à discrétion, si l'ordre régnait.

Il suffira de se rendre compte des postes que les Arméniens occupent dans l'Empire Ottoman, pour vérifier ce que j'avance. On a parlé des dépenses exagérées faites par Sa Majesté Abd ul Hamid ; il serait curieux de savoir la différence qui existe entre les sommes payées par la Caisse Impériale et celles touchées par les ayants droit. Une cinquième n'arrive pas à destination. Les quatre cinquièmes se perdent en route, et au profit de qui ? Des agents, des courtiers, fonctionnaires arméniens !

Dans ces conditions, n'est-il pas tout naturel, d'une part, que les Arméniens, gavés de richesses, aient pensé profiter de la latitude qui leur était laissée pour escalader le trône, et d'autre part que les Musulmans exploités, ruinés, asservis par la puissance de Sa Majesté l'Argent, aient eu la main lourde, le jour où ils ont pu se payer sur la bête de tout ce que la misère les avait contraints d'endurer.

La haine, qui divise les Musulmans des Arméniens, n'a pas d'autre origine que cette exploitation à outrance qui est similaire de celle des Juifs en France, en Angleterre, en Pologne, en Autriche-Hongrie. La question religieuse n'y est pour rien, la lutte s'appelle antisémitisme en Europe, elle s'appelle question Arménienne en Turquie. Au fond, c'est absolument la même chose, *the struggle for life* entre l'omnipotence de la ploutocratie sans vergogne, sans scrupule et

sans cœur, et les revendications des populations intelli-
gentes, travailleuses, généreuses, patriotes, qui, sortant de
la légalité pour rentrer dans le droit, veulent reprendre par
la force, et d'un seul coup, tout ce dont l'astuce, la ruse, la
mauvaise foi, appuyées sur la légalité, ont mis des années
à les dépouiller.

Le jour où en France, par exemple, le mouvement écla-
tera, il est probable qu'il n'y aura pas de puissance au
monde qui empêchera l'extermination des Juifs, comme
justes représailles des crimes accumulés depuis cent ans.

Dans ces conditions, comment veut-on que les haines ne
soient pas et ne restent pas vivaces de tous côtés contre ces
Arméniens, qu'on veut, en Europe, nous présenter comme
des pauvres brebis sans taches?

C'est l'inverse qui serait inadmissible; surtout si on veut
bien tenir compte de ce fait que l'Arménie proprement dite
ne renferme pas le vingtième des Arméniens qui désolent la
Turquie d'Europe et la Turquie d'Asie.

III

Les ambitions anglaises. Leur origine, leur tactique.

Sa Majesté Abd ul Hamid.

Cet exposé du rôle des Arméniens dans les rouages de la vie de l'Empire Ottoman, était indispensable pour comprendre quels instruments ils pouvaient être entre des mains habiles, ayant, avec leurs tendances, leur caractère, leur astuce, leur mercantilisme, toutes les similitudes et toutes les affinités.

L'Angleterre, toujours à l'affût de tout ce qui s'appelle le développement et la défense du commerce anglais, devait chercher ce point d'appui et le rencontrer. Aussi elle n'y a pas manqué.

Sa haine du Français et du Russe devait la guider, et la haine du Français devait être le trait d'union entre elle et l'Italie.

La question était complexe, et si on veut l'analyser, on peut voir que si les origines remontent beaucoup plus loin, l'action réelle des Anglais ne date guère que de la défaite de la France en 1870.

De tous temps, depuis *gesta Dei per Francos*, la protection des chrétiens d'Orient avait appartenu, en effet, à la France, et l'expédition de Syrie en 1860, le percement de Suez en 1869, n'avaient pas peu contribué à relever son prestige ; entretenu d'ailleurs par les succès de Navarin et de Mehemet-Ali.

Le Gouvernement de Louis-Philippe avait pu être à plat ventre devant l'Angleterre, il n'en était pas moins resté patent que dans toutes les échelles du Levant, les Français étaient les grands protecteurs, et que le gouvernement ottoman, confiant dans l'alliance quatre fois séculaire avec la France, admettait d'un œil tranquille la suprématie diplomatique qui lui était échue dans ces parages.

D'autre part, on savait aussi que, sans la France, en 1854, les alliés eussent fait vilaine figure devant la Russie en Crimée. A Londres, en revanche, on se souvenait de ce traité d'Unkiar Skelessi (1833) par lequel le Sultan s'engageait, si le Czar était attaqué, à fermer le Bosphore aux flottes étrangères, les flottes russes, au contraire, pouvant librement se lancer dans la Méditerranée ; la paix de Kutaïeh en avait bien fait lettre morte, mais il n'y avait pas moins là un indice à ne pas perdre de vue.

Aussi lorsque en 1870, la France, écrasée par sa défaite, la guerre civile, les tiraillement des partis, était en quelque sorte incapable de jeter des regards autour d'elle pour tâcher de ressaisir ses influences perdues, l'Angleterre songea à entrer en action. Elle le fit avec une extrême prudence d'abord, tant qu'elle crut avoir à craindre une restauration monarchique, puis à la chute de Mac-Mahon, elle leva le masque. Waddington, le ministre anglais des

Affaires étrangères en France, était devenu l'ambassadeur anglais de la France à Londres ; non seulement on pouvait ne plus se gêner, mais le traité de San Stefano venait de mettre les fers au feu, un renouvellement du traité d'Unkiar Skelessi était à craindre.

Grâce à la complicité ou la stupidité de Sir Waddington, le congrès de Berlin annihilait bientôt le traité de San Stefano au seul profit de l'Angleterre, et comme je l'ai dit plus haut, la jalousie de l'Italie contre la France, excitée par Bismarck, au sujet de la Tunisie, devenait la haine sans merci, qui fait de l'Italie la meilleure et presque l'unique alliée de l'Angleterre.

C'est dès lors que l'action anglo-italienne commença à se manifester en Orient, ou si on préfère dans les Echelles du Levant. Les moines agissant sous l'influence italienne, les ambassadeurs de commerce anglais inondant l'Asie Mineure.

A Rome les deux intrigues se joignirent, et la campagne fut menée pour substituer à l'influence de la France celle des deux alliés. Ne pouvant ouvertement agir on intrigua : l'Angleterre mit la main sur l'Egypte et le canal de Suez. Elle s'installa, par ailleurs, au Golfe Persique.

Elle eut bien quelques inquiétudes en voyant les Russes à Merw et au Pamir, mais elle espéra et compte encore prendre sa revanche. Son objectif, c'est la construction du chemin de fer qui reliera directement Londres à Bombay. Elle a pensé primitivement à le lancer viâ Moscou, mais elle a dû y renoncer. Ensuite elle a espéré viâ Constantinople, mais le Sultan a compris que c'était le canal de Suez qui avait livré l'Egypte aux Anglais, il a dit : Non.

Les questions d'Afrique sont survenues et, aujourd'hui, le *Foreign office* veut relier Kurrachie à Port-Saïd, pour s'emparer de la Syrie sans laquelle on n'est pas maître de cette Egypte, qu'il prétend bien ne pas abandonner.

Toutes ces combinaisons s'enchevêtrent, se reliant toutes entre elles, et pour les mener à bien, et au besoin mettre la main sur l'Arabie, il faut détourner l'attention, semer les dérivatifs et, à la rigueur, culbuter les obstacles qui peuvent se dresser devant le but tant désiré.

On a bien fait du quai d'Orsay une succursale du *Foreign office,* on a bien acheté l'Italie, toujours prête à se vendre; on a dupé l'Autriche, dont le gouvernement juif est devenu un ghetto; on a flatté l'empereur Guillaume, dont la mère, l'impératrice Frédéric, n'a jamais oublié qu'elle était avant tout Anglaise; on a domestiqué la Grèce; on a pris l'Egypte, on a cherché à enjoler le Czar; on croyait même avoir presque partie gagnée, quand au travers de la toile d'araignée, il a surgi un homme :

S. M. ABD UL ḤAMID!

On avait compté sans lui.

L'échafaudage était compromis.

Sa Majesté Ghazi Abd ul Hamid Khan II, avait succédé à son frère Mourad, monté sur le trône à la suite de la déposition et de l'assassinat de son oncle Abd ul Aziz.

Une maladie nerveuse incurable avait été, pour lui, le résultat des événements tragiques qui avaient amené son avénement. Il avait dû renoncer au pouvoir, en se sentant impuissant à réagir contre les intrigues anglaises et la camarilla, dont il était en réalité le prisonnier.

Le nouveau Sultan était arrivé au trône avec la constitution de Midhat Pacha, les idées les plus libérales, et de suite il avait cherché à mettre en pratique cette constitution si chère à ceux qui aujourd'hui s'intitulent la *Jeune Turquie.*

Mais, dès les premières réunions parlementaires, il avait dû constater que Turcs, Arabes, Grecs, Arméniens, etc., ne pouvaient s'entendre, d'abord parce qu'ils parlaient des langues différentes, ensuite parce que chacun tenait à son idiôme et ne voulait pas en entendre et en admettre d'autres, enfin parce que tous se détestaient cordialement les uns les autres, et que même dans les deux grandes sectes religieuses, des Chrétiens et des Musulmans, il existait une quantité de confessions, dont les adeptes étaient tout disposés à s'entrégorger, dès qu'on les mettait en présence.

D'une part c'était une tour de Babel, de l'autre une cage de fous furieux.

Abd ul Hamid, sans supprimer la constitution, la suspendit, en attendant des jours meilleurs où son application ne serait plus une utopie.

Il attend encore, et il est probable qu'il attendra longtemps ; car tout ce que nous voyons du parlementarisme, dans tous les pays qui jouissent de ce splendide régime, ne nous semble pas fait pour le faire regretter.

Seules, en effet, prospèrent les nations qui l'ignorent. Toutes celles qui en jouissent en sont plus ou moins malades. Le virus est le même, mais ses effets sont plus ou moins désastreux suivant les applications et les tempéraments.

La décision prise par Abd ul Hamid était une preuve de bon sens, qui promettait d'espérer mieux encore. Le résultat ne se fit pas attendre ; car bientôt il fut facile de se rendre compte que l'orientation de la politique de la Sublime Porte était changée du tout au tout.

Le nouveau Sultan avait immédiatement compris que les relations politiques des nations reposent sur la communauté des intérêts, et qu'il y avait lieu de se prémunir contre les antagonismes dans les aspirations, les rivalités, les appétits. Dans cet ordre d'idées, il avait compris que, sous prétexte de protéger la Turquie, l'Angleterre n'avait jamais fait que la dépouiller et que ses efforts ne tendaient qu'à son démembrement qu'elle voulait simplement faire à son heure, et alors qu'elle pourrait en profiter le plus. En revanche il avait également saisi que le meilleur moyen d'empêcher les Russes de mettre la main sur Constantinople, était de se mettre sous leur protection, ceux-ci n'ayant aucun motif de s'en emparer, du moment que le passage du Bosphore était libre pour eux. Les Russes ne pouvaient admettre un ennemi à la Corne-d'Or, ils étaient implicitement contraints d'y maintenir un ami, ainsi que sur les rives de la Mer Noire et de l'Archipel.

Leur conduite en Orient et en Extrême-Orient, leurs progrès lents et sûrs, montraient bien leurs tendances. Leur action en Perse, dans le Caucase, étaient symptomatiques, la Turquie n'avait rien à craindre d'eux du moment qu'eux-mêmes n'avaient rien à redouter d'elle. Au contraire, les Czars avaient intérêt à défendre l'Empire Ottoman et à l'empêcher de devenir la proie de rivaux insatiables.

S. M. Abd ul Hamid n'hésita pas, et sans plus tarder, le rapprochement avec la Russie fut un fait accompli, les liens séculaires d'amitié avec la France furent encore resserrés.

IV

Le soulèvement arménien organisé par l'Angleterre

et dénoncé depuis longtemps.

Cette volte-face, inspirée par la raison et le patriotisme
éclairés, mettait l'Angleterre en situation fâcheuse, il fallait
aviser. C'est alors que commença l'envahissement par des
émissaires anglo-italiens de toute l'Asie-Mineure, soit qu'ils
arrivassent directement de la Méditerranée, soit par le Golfe
Persique.

Sous quelles formes se présentaient-ils? Ce serait long
à détailler et oiseux, l'important c'est d'établir qu'ils furent
aussitôt signalés, et il suffirait, par exemple, de feuilleter
les collections du journal « *L'Orient* », organe officieux des
intérêts de l'Empire Ottoman, à Paris, pour retrouver les
dénonciations réitérées de ce travail de termite, avançant
sans bruit, rongeant de tous côtés ; en même temps que les
livres sterlings, semant les éléments de haine, soufflaient la
discorde, excitaient les esprits.

On se rappelle Basile de Beaumarchais, dépeignant l'œuvre de la calomnie, c'est absolument la même chose.

Au début, c'est un rien, un murmure, rumeur légère, puis un grondement, un ouragan qui soudain éclate et tonne

> Et l'on voit le pauvre diable
> Terrassé comme un coupable
> Sous cette arme redoutable
> Tomber, terrassé...

Le pauvre diable devait être le Sultan, mais encore une fois on avait compté sans lui. Du fond de son palais, il était renseigné et suivait pas à pas les progrès des ennemis hypocrites, qui poursuivaient leur œuvre en sourdine.

Qu'aurait-on dit en Europe, s'il avait alors expulsé trafiquants anglais et moines italiens ? C'eut été une tolle générale. On aurait accusé le caractère soupçonneux du fanatisme musulman, et ceux qui eussent crié le plus fort eussent été justement les Anglais et les Italiens.

On se contenta de surveiller et de se taire, laissant au temps le soin de faire son œuvre.

Ce qu'on prévoyait arriva ; car les complications internationales amenèrent les Anglais à précipiter les événements. D'une part, ce fut la salutaire leçon que Ménélick infligea aux Italiens, leçon qui engendra les projets d'expédition au Soudan ; puis les difficultés d'argent, et le rapprochement s'accentuant entre la France et la Russie. D'autre part, les affaires de Madagascar, de Zanzibar, de Delagoa, du Transwaal, des Matabelès, de l'Ouganda, du Niger, dénonçaient nettement cette action Anglaise qui, comme une pieuvre, étend ses tentacules sur le monde entier, absorbant ou empoisonnant tout ce qu'elle touche. En Algérie, en Tunisie, en Tripolitaine, on signalait les intrigues et les

menées dangereuses des missionnaires anglais des deux
sexes, parcourant les tribus, à tel point que dernièrement la
question fut portée devant le Parlement français.

(N'oublions pas que le chemin de fer projeté, des Indes
en Angleterre, passant par Kurachié et Port-Saïd, doit
suivre la côte jusqu'à Tanger pour rentrer en Europe par
Gibraltar, c'est même une des causes des progrès des Anglais
au Maroc, en ce moment.)

Petit à petit, tout le plan britannique se révélait. Dans
ces conditions il fallait brusquer le mouvement, aussi les
comités révolutionnaires à la solde de l'Angleterre, reçurent-
ils des ordres et des subsides, afin de créer un dérivatif qui
attirât l'attention et fit oublier, ne serait-ce qu'un instant, et
l'Egypte et tous les points où le virus britannique cherchait
à s'implanter.

Depuis longtemps, on peut même dire du jour où l'action
avait été résolue, on avait recueilli avec soin tous les mécontents à un titre quelconque, on les avait organisés en comités, à Londres, à Paris, à Athènes, à Sofia, et de là partaient
les pamphlets, les journaux, les nouvelles, destinés à égarer
l'opinion en Europe et ailleurs, ainsi que l'argent qui
devait servir aux achats d'armes et de munitions de toute
espèce.

Il est à remarquer ici que l'Angleterre, grâce à ses livres
sterlings, sait toujours fort bien faire partir ses attaques
contre la cible choisie, non pas d'Angleterre seulement, mais
de centres multiples destinés à égarer l'opinion. Quand elle
le peut même, elle prêche l'abstention, la modération, à Londres, et ce sont les agences et les feuilles stipendiées de Paris, Berlin, Bruxelles, Genève, Rome, Vienne, New-York, etc.
qui ouvrent le feu et sonnent la charge.

Les gogos, et Dieu sait seul à quel point leur nombre est

incommensurable, restent ébaubis, abrutis, convaincus en présence de ces nouvelles qui, venant de tous côtés, se corroborent les unes les autres, sans se douter que ces « *dernières nouvelles* », ces « *informations avant la lettre* », ces « *télégrammes par fil spécial* », sortent tout simplement d'une officine où on a payé leur insertion ; qu'elles s'appellent Agence Havas, Agence Dalziel, Agence Reuter, etc.

Voilà comment on soulève l'opinion publique, comment on inspire les politiciens de cafés, de brasseries, de confiseries, les écrivains à tant la ligne, les virtuoses de la plume qui ont appris à aligner des mots, les échappés de la Cannebière, du Capitole, des Quinconces, de l'Unter Linden, du Prater, de la perspective Newsky, de Piccadilly et qui, pour tout mérite et tout savoir, ont l'audace des ignorants se figurant que personne n'en sait plus long qu'eux et qu'ils en imposeront à tous par leur faconde et leur audace.

C'est de cette façon que les prétendus massacres d'Arménie ont été présentés comme une recrudescense de fanatisme musulman contre les Chrétiens, alors que depuis près de trois ans, avant qu'il fut question de quoi que ce soit ; on suivait déjà, à Constantinople, les tentatives de soulèvement des Arméniens, les manœuvres anglaises les incitant à la révolte, la Porte Ottomane ne pouvant les réprimer par suite des considérations internationales plus haut citées.

Au moment où j'écris, j'ai sous les yeux des documents qui l'établissent, mais qu'il serait trop long de reproduire ici.

J'en pourrais citer qui remontent à 1889, ce qui montre bien l'action longuement préparée par les Anglais, comme une arme prête à sortir du fourreau, au moment *psychologique* aurait dit M. de Bismarck.

V

Soulèvement. Prétentions ou prétextes.

La Jeune Turquie.

J'ai dit plus haut pourquoi et comment le soulèvement des Arméniens avait été précipité par les Anglais en raison des événements auxquels ils étaient obligés de faire face, je n'y reviendrai pas; je me contenterai de rappeler brièvement que partout ce ne sont pas les Musulmans qui ont attaqué les Chrétiens, mais les Chrétiens qui ont attaqué les Musulmans, les représentants de l'autorité légale et reconnue.

Je rappellerai qu'il a été établi, qu'il appartient à la cause, comme on dit au palais, que les révoltés avaient préparé leur mouvement de longue main, qu'ils faisaient appel à l'étranger, qu'ils obéissaient à des mots d'ordre de comités révolutionnaires, siégeant hors du pays et leur adressant des armes, des munitions, de l'argent.

Que demandaient les révoltés? Une autonomie impossible à constituer, des libertés qu'ils avaient déjà, puisqu'ils les avaient toutes.

L'autonomie est impossible pour cette excellente raison que le territoire dénommé « Arménie » renferme environ un Arménien sur sept individus ; le tableau suivant en fait foi ;

	MAHOMÉTANS	CHRÉTIENS
Adana	158,000	97,450
Alep	792,450	94,030
Angora	763,120	94,280
Bitlis	254,000	131,390
Diarbekir	328,640	79,130
Erzeroum	500,780	134,960
Koniah	989,200	9,800
Mamouret ul Aziz	505,440	69,020
Mossoul	248,380	—
Sivas	839,510	170,430
Trébizonde	806,700	47,200
Van	241,000	80,000
	6,427.220	1,007.690

Tous les autres Arméniens sont partout, excepté en Arménie. Dans toute la région qualifiée Arménie, c'est l'élément Kurde qui est la grosse majorité. Il vit en fort bonne harmonie avec les Arméniens, quand ces derniers ne sont pas exaltés, fanatisés par les émissaires judeo-protestants à la solde de l'Angleterre.

Un explorateur de l'Asie centrale, qui, en 1894, a fait un long séjour dans le Kurdistan et exploré le Nord-Est de l'Asie turque depuis le Diarbakir jusqu'à Baïezid, a publié à Londres une brochure d'autant plus édifiante qu'il se trouvait à Yorgat, Valori, Sassoum et Mouch, au moment de ce qu'on a appelé les *Armenian atrocities*.

Il fait justement remarquer qu'en Perse, les Kurdes de

l'Azerbaïdjan n'ont jamais massacré leurs Arméniens, bien que le gouvernement du Shah soit loin d'être plus énergique que celui du Sultan.

Quant aux libertés, il serait à souhaiter qu'en France, en Angleterre, on prit modèle sur la tolérance absolue dont jouissent tous les cultes dans l'Empire Ottoman. Ce n'est même pas tolérance que j'aurais dû dire, mais protection.

C'est le moment de rappeler en effet qu'à Londres, il faut être protestant pour remplir certaines hautes fonctions dans l'Etat, et qu'à Paris la persécution des catholiques par les énergumènes, juifs, protestants, francs-maçons, athées, à force d'être violente, est devenue grotesque.

A côté des Arméniens ou plutôt derrière eux, mais bien loin, la mer les mettant à l'abri des répressions, les mécontents ottomans qui s'étaient groupés sous le nom de « *Jeune Turquie* », ont pris fait et cause pour les insurgés, les ont encouragés, et fidèles aux livres sterlings, ils ont cherché à ameuter l'Europe contre le Padischah. Il leur fallait revendiquer quelque chose, ils ont pris pour tremplin la constitution de Midhat pacha ; or j'ai dit plus haut comment l'essai loyal en avait été fait et comment il avait fallu renoncer à cet essai de parlementarisme, dans un empire où les éléments les plus hétérogènes ne se coudoient et ne vivent les uns à côté des autres, qu'à la condition qu'un pouvoir central et indépendant les empêche de s'entrégorger, en évitant les rivalités et les compétitions.

Les rivalités et les compétitions, tout est là en effet, et il est impossible d'avoir une image plus flagrante de l'impuissance du parlementarisme, de ses vices, de son contre bon sens, de son action néfaste, que celle de la séance du 18 novembre au corps législatif à Paris où, alors que l'honorable Mᶜ Castelin prouvait la trahison évidente du syndicat Dreyfus, le gouvernement, soucieux avant tout de se maintenir au pouvoir, en était réduit, pour se soustraire à son devoir, à avoir recours à des faux fuyants indignes, devant les intérêts de la patrie menacée.

En réalité les meneurs de la prétendue *Jeune Turquie* ne sont que des ambitieux qui, ayant appris en Occident le maniement du régime parlementaire, ses ruses, ses procédures, ses faiblesses, ses contradictions, ses vices, n'ont d'autre rêve que de l'introduire à Constantinople, parce qu'il ne saurait y avoir de meilleur marche pied pour donner satisfaction et à leur ambition et à leurs appétits.

Dans ces conditions, ce qui devait arriver était fatal. L'insurrection n'a pas surpris le gouvernement, elle était surveillée. J'ai expliqué pourquoi on ne pouvait l'empêcher de grandir dans l'ombre. Le jour où elle s'est manifestée, la répression a été immédiate. Elle a été vigoureuse, brutale, sans merci ; elle a pu s'égarer, mais qui donc a le droit de s'en plaindre ?

L'Empire Ottoman est-il pays de protectorat ? Est-ce que la France aurait supporté qu'une puissance intervint, quand le sanguinaire fantoche bourgeois Thiers faisait fusiller en masse à Paris ou à Satory, et reléguer sur des pontons, des malheureux arrêtés dans des rafles ?

Est-ce que lorsque les Anglais massacraient au Canada les Français, par simple mesure d'extermination et simplement parce qu'ils étaient Français, les puissances sont intervenues ?

Lorsqu'aux Indes ils attachaient par files les Cipayes à la gueule des canons pour les tuer plus vite, l'Europe s'est-elle émue ?

Plus récemment, les exploits de Stanley, ceux des Belges au Congo, des Anglais au Transwaal, et contre les Matabelés et les Amandabelés où, après trois mois de massacres, « le général Carrington fait grâce seulement aux femmes et aux enfants », ont-ils motivé même une réprimande? A-t-on seulement demandé une explication ?

Et les atrocités commises par Stamboulof ! et la lettre de Madame von Bismarck, en 1871, disant à son mari de tout faire massacrer en France, femmes et enfants, afin d'exterminer la race ! et les soldats russes en Pologne ! etc., etc. est-ce que toutes ces répressions, ces atrocités ont produit des coalitions ?

Non. Il n'y a rien eu, et la brochure de M. Urbain Gohier, répondant à M. Clémenceau, est bien suggestive et bien vraie.

On crie *Haro !* sur le Sultan, parce que ses Kurdes ont eu la main lourde. On aurait crié de même si l'insurrection s'était développée, seulement cette fois on aurait dénoncé l'impuissance.

En réalité, on voulait une curée, et on aboie parce que, au moment de sonner l'hallali, au lieu d'un marcassin on a trouvé un solitaire qui a fait tête aux chiens et les a éventrés.

On croyait festoyer à Londres, les dents étaient aiguisées ; il a fallu renoncer à cet espoir, et de là, les lamentations de Jérémie sur les chiens éventrés. Tous les plats valets de l'Angleterre qui font sauter ses guinées, tous les paillasses qui, pour amuser la foule, passent à travers des cerceaux, ont recommencé leurs jongleries, heureux de trouver une tête de Turc pour faire parade de sentiments et de fanfaronnades sans nom.

Il faut se féliciter qu'au milieu de ce tapage incohérent, les gouvernements Russe et Français aient gardé tout leur sang-froid. L'appui qu'ils ont donné au Sultan leur fait honneur, et le calme dont ce dernier a fait preuve, montre bien que ceux qui ont cru abuser de lui, ont trouvé leur maître.

Aujourd'hui on peut considérer la crise comme terminée, en présence des engagements que le Padischah a pris, et qu'il entend tenir, puisque c'est d'accord avec les deux ambassadeurs de France et de Russie, qu'il va prendre les mesures susceptibles d'empêcher de nouvelles révoltes.

Les puissances de la triple alliance viennent de donner leur approbation à ce que feront, en la circonstance, les deux ambassadeurs précités. L'Angleterre reste donc seule, absolument seule, avec son bilan augmenté de quelques infamies de plus, ce qui ne la gêne guère ; mais elle enrage d'avoir été démasquée, d'avoir échoué, et il faut s'attendre non à une action violente, qu'elle ne peut réaliser, mais à une nouvelle campagne hypocrite et ardente, qui sera d'autant plus dangereuse, qu'elle sera plus masquée.

VI

Les quêtes en faveur des Arméniens. Leur véritable but. La paix s'impose.

Cette opinion n'est déjà plus une hypothèse, elle est entrée dans le domaine des faits, d'une part, grâce à l'accumulation des flottes britanniques dans la partie orientale de la Méditerranée, d'autre part grâce aux nouvelles qui arrivent de partout, non par les agences cette fois, mais par les correspondances particulières, annonçant une recrudescence d'émotion dûe aux nouvelles intrigues anglaises. Le voyage même du Sirdar Kitchener à Londres et son entretien avec Lord Salisbury rentreraient dans le programme.

C'est surtout l'Arabie et la Syrie qui seraient menacées, en même temps que le Maroc et toutes les rives du Nord-Africain dans la Méditerranée.

Pour la question arménienne, on voudrait maintenir l'effervescence, en faisant état de quêtes en faveur des Arméniens; et de tous côtés on assaille de sollicitations les bonnes âmes crédules qui, pour soutenir leur réputation de bienfaisance, n'osent pas se dérober et démasquer brutalement les intrigants.

Le métier de quêteur a d'ailleurs ses fervents et ses adeptes, ce que j'appellerai ses professionnels, qui reçoivent de trente à cinquante pour cent des sommes qu'ils apportent aux bonnes œuvres.

Je ne parlerai pas du père Charmettan dont je crois la bonne foi absolue, mais qui joue un rôle de dupe dont il n'a pas conscience. Excessivement loyal et bon, il croit que tous lui ressemblent, il admet comme parole d'Evangile tout ce qu'on lui dit, toutes les correspondances qui lui parvienent.

Sa loyauté absolue est son excuse.

Mais quant aux autres, c'est différent. Heureusement qu'en France le résultat a été dérisoire ; en Angleterre, il en a presque été de même, car là on n'était pas dupe ; mais en Amérique, où le pactole roule, et où la politique d'Europe est un grimoire que la fièvre des affaires ne permet pas d'étudier, on a donné beaucoup, moitié par charité, moitié par ostentation, en Yankee dans toute l'acception du terme.

Par ses agences, l'Angleterre a beau jeu. Par ses nouvelles à sensations, elle a pu agir sur une société qui ne prend guère le temps de réfléchir, et elle espère bien, avec ces subsides, recommencer la lutte.

C'est ce qu'il faut interdire.

D'abord les quêtes avortées, comme celles écloses en France, si elles se prolongeaient, ne sauraient être que ridicules.

Celles d'Angleterre ne pourraient avoir pour but, sous prétexte de distribution, que de faciliter la besogne aux agents provocateurs.

Celles des Etats-Unis, absolument inconscientes et désintéressées, iraient juste à l'encontre du but qu'elles voudraient atteindre.

Il est évident que les donateurs ne s'en iront pas eux-mêmes distribuer de villayet en villayet les aumônes, ils seront forcés ou à peu près, de s'en remettre à des comités locaux. Or ces comités de qui se composent-ils ? justement des promoteurs de la révolte, des agents anglais, des orateurs de brasserie, des discoureurs en chambre et des braves à tous crins qui ont envoyé les autres se faire houspiller et risquer leur vie, pendant que sur les divans des brasseries, des cafés, des confiseries, ils attendaient les résultats, qu'il ne faut plus qu'ils espèrent encore.

Qu'on se rappelle les quêtes de Mme Séverine à la *Libre Parole*, et ce qui en est résulté.

Semer l'argent en pareille occurrence, c'est préparer de nouvelles insurrections, alors que tout le monde a hâte de voir, une fois pour toutes, fermée à tout jamais cette perspective de guerre en Orient que seule l'Angleterre a intérêt à entretenir pour masquer ses batteries.

C'est soudoyer des révolutionnaires qui, pour la plupart, ne se soucient nullement de l'Arménie et des Arméniens: car sans cela ils seraient en Asie et non en Europe. C'est subventionner des rêves d'ambitions déçues, ou des vengeances personnelles; c'est faciliter l'exploitation des naïfs par des meneurs sans scrupule, je dirai plus, c'est encourager l'anarchie.

L'anarchie, oui je le dis, et je maintiens le mot; car les Arméniens n'ont pas que les bombes de commun avec les anarchistes.

Ils sont des sans-patrie, puisque presque tous ils désertent leur pays d'origine, se répandent comme une vermine, vont jusqu'à faire appel à l'étranger pour soutenir leurs revendications justifiées ou non.

Peu leur importe les moyens, ils ne voient qu'un but:

— non l'indépendance et la liberté puisqu'ils les possèdent ; — mais la satisfaction de leur soif insatiable de domination, de lucre, de gain croissant avec les besoins d'autrui. Ils ne connaissent ni solidarité, ni patrie, ni devoir, ni reconnaissance, ni frein, ni lois, ni Dieu, ni maître, ce sont des hyènes se repaissant de cadavres, mais non des tigres s'abreuvant de sang.

Je ne sais pas jusqu'à quel point les anarchistes ne valent pas mieux qu'eux.

· Voilà cependant les gens sur lesquels on prétend nous apitoyer. Ils sont bien les dignes féaux de Messieurs les Anglais leurs souteneurs et dont ils n'ont été que les dupes.

Assez donc de manœuvres hypocrites, de larmes de crocodiles, il faut que les masques tombent.

La paix s'impose ; il ne faut pas qu'on en prive l'Europe et l'Asie au profit d'une poignée d'ambitieux sans aveu et de forbans, comme tout ce qu'abrite le pavillon britannique.

Il ne faut pas se laisser aller à des sensibleries hors de saison et sans excuse raisonnable, il ne faut pas laisser entretenir un feu qui couve, ni raviver celui qui s'éteint.

· Il faut laisser faire justice et rétablir le droit.

Le Vieux de la Montagne.

P. S. — A toutes les bonnes âmes, qui, dans leur naïveté honnête, ont cru que la question arménienne était une question religieuse, comme on la leur présentait, pour mieux les attendrir, je signalerai la manifestation du 29 novembre à la Basilique de St-Denis, à Paris, où les Arméniens ont réellement affirmé leurs aspirations sur la tombe de Léon de Lusignan, dernier roi d'Arménie.

Après cette cérémonie, aucune ambiguité n'est possible. La question religieuse n'existe plus.

La question politique seule subsiste.

Il est important de le constater, désormais seuls seront trompés, ceux qui le voudront bien.

www.ingramcontent.com/pod-product-compliance
Ingram Content Group UK Ltd.
Pitfield, Milton Keynes, MK11 3LW, UK
UKHW021351100726
13657UKWH00006B/2028